TRAVELING LEAVES YOU SPEECHLESS. THEN TURNS YOU INTO A STORYTELLER.

- Ibn Battuta -

Dieses Buch gehört:

- [ ] ....
- [ ] ....
- [ ] ....
- [ ] ....
- [ ] ....
- [ ] ....
- [ ] ....
- [ ] ....
- [ ] ....
- [ ] ....
- [ ] ....
- [ ] ....
- [ ] ....
- [ ] ....
- [ ] ....
- [ ] ....
- [ ] ....
- [ ] ....
- [ ] ....
- [ ] ....
- [ ] ....
- [ ] ....
- [ ] ....
- [ ] ....
- [ ] ....
- [ ] ....
- [ ] ....
- [ ] ....
- [ ] ....
- [ ] ....
- [ ] ....
- [ ] ....
- [ ] ....
- [ ] ....
- [ ] ....
- [ ] ....
- [ ] ....
- [ ] ....
- [ ] ....
- [ ] ....
- [ ] ....
- [ ] ....
- [ ] ....
- [ ] ....
- [ ] ....
- [ ] ....
- [ ] ....
- [ ] ....

☐ ....
☐ ....
☐ ....
☐ ....
☐ ....
☐ ....
☐ ....
☐ ....
☐ ....
☐ ....
☐ ....
☐ ....
☐ ....
☐ ....
☐ ....
☐ ....
☐ ....
☐ ....
☐ ....
☐ ....
☐ ....
☐ ....
☐ ....
☐ ....
☐ ....
☐ ....
☐ ....
☐ ....
☐ ....
☐ ....
☐ ....
☐ ....
☐ ....
☐ ....
☐ ....
☐ ....
☐ ....
☐ ....
☐ ....
☐ ....
☐ ....
☐ ....
☐ ....
☐ ....
☐ ....
☐ ....
☐ ....
☐ ....

- [ ] ....
- [ ] ....
- [ ] ....
- [ ] ....
- [ ] ....
- [ ] ....
- [ ] ....
- [ ] ....
- [ ] ....
- [ ] ....
- [ ] ....
- [ ] ....
- [ ] ....
- [ ] ....
- [ ] ....
- [ ] ....
- [ ] ....
- [ ] ....
- [ ] ....
- [ ] ....
- [ ] ....
- [ ] ....
- [ ] ....
- [ ] ....
- [ ] ....
- [ ] ....
- [ ] ....
- [ ] ....
- [ ] ....
- [ ] ....
- [ ] ....
- [ ] ....
- [ ] ....
- [ ] ....
- [ ] ....
- [ ] ....
- [ ] ....
- [ ] ....
- [ ] ....
- [ ] ....
- [ ] ....
- [ ] ....
- [ ] ....
- [ ] ....
- [ ] ....
- [ ] ....
- [ ] ....
- [ ] ....

Printed in Poland
by Amazon Fulfillment
Poland Sp. z o.o., Wrocław

24753480R00065